Sāmoan Proverbs
Alagā'upu ma Muāgagana
a Sāmoa

Tuiātaga Fa'afili A.L Fa'afili

Published by : **Samoa Press Ltd**

Telephone : +64 21 436 793

Email : f.faafili@gmail.com

ISBN : 978-0-473-64950-0

First Edition

Copies available from : **Sāmoa Press Ltd**
: **amazon.com**

DEDICATION

To my Mother: : Elizabeth (Lisi) Blakelock Fa'afili
To my Father: : Lā'ulutō A.L Fa'afili

To my wife : Tulipe Fa'afili

To my children : Shaolin Pearl, Henry 'A'au,
Lisi Taumaia, Christina Tulipe,
Fa'afili Thirstle, Fa'atonu Devontaye

To my grandchildren : Shylee, Christina, Henry,
Carter, Harper, Dae-Leigh, Frazer, Beau, Carson

Fa'afetai mo talosaga.
Thank you for your prayers.

Introduction

This collection of more than 1,000 *Sāmoan* Proverbs and Proverbial sayings, (*Alagā'upu / Muāgagana*), with translations in English, serves as a useful reference for *Sāmoan* oratory, poetry and formal speeches.

A *Alagā'upu* is one that has a story from which the proverb originates.
(*'O le tala e ala mai ai le 'upu*).

A *Muāgagana* or *Muāfetalaiga* is a short saying stating a general truth or piece of advice.

The use of Proverbs in Oratory, Poetry and Formal speeches has preserved the many unique activities and features of *Sāmoan* culture which would have otherwise disappeared and forgotten.

" A Trap is for Fish : when you've got the Fish, you can forget the Trap "

" A Proverb is for Meaning : when you've got the Meaning, you can forget the Proverb."

Sāmoan Proverbs
Alagā'upu ma Muāgagana a Sāmoa

1. Ia lūlū fa'a'ele'ele o le 'ava pa'ia
   To shake like dirt from the revered 'ava plant

2. 'Ua tutusa tau'au
   To have shoulders of equal size and strength

3. 'Aua le 'āmana'ia tala o le 'auala
   Do not pay attention to gossip

4. E tele a ululau
   There is a great deal of foliage on the sugar-cane thatching panels

5. 'Ua pafuga le 'ā e pei o le faiva o seugogo
   The terns are cheeping and chirping like the sport of seugogo

6. E tele a'a o le tagata i lō a'a o le lā'au
   Man has more roots than a tree

7. 'O le 'a'ai o finagalo
   A town of thoughts

8. 'Ua 'a'au 'a'au, taunu'u i le nu'u o le 'Ape
   They swam and swam, and they reached the village of the 'Ape

9. 'O le 'ā 'ou lē 'a'aumua e pei o le sā na i Ātua
   I will not swim first like the prohibition at Ātua   OR

10. Funa e, 'ua 'ē soli le sā o la tā 'ausaga, e sā le 'a'au muamua le tasi i le isi

11. 'Ua mōlia i lugā ma 'a'ami i lalō e galu o papatū
To be carried upwards and brought downwards by the waves of the precipice

12. Pei o ni ma'a 'a'asa
To be like glowing hot stones

13. Tātou 'ae ia lea manu 'ua ulu
Let us be thankful that a bird is netted OR

14. 'Ae'ae le manu 'ua ulu
Be grateful that a bird has gone in the net

15. 'Ua goto ali'i 'ae a'e tausala i le si'u o Salāfai
The men have sunk (in the sea), but only the lady returned at the extremity of Salāfai

16. 'O le vale 'ai 'afa
A fool that eats sinnet

17. E lē āiā le uto i le maene
A float does not have authority over a sinker

18. 'Ua tū le āiā
There is some interference

19. Fa'atafea ia i motu lē 'ainā
Let it drift to uninhabited islands

20. 'O le 'aisi le momo'o
    Begging is yearning

21. 'Aitelea i Niuapai, 'upu lē liliu
    To lose at Niuapai, because words were not changed

22. Mamalu pea ia le aitu o le āoa
    May the owl (the god of the banyan tree) be praised

23. E lē au le pule pō i le pule ao
    Night has no authority over Day

24. 'A'o nā mea se'i o ta faia 'ea
    If only I could do those things

25. E lē a'oa'ia e le matapia le mānaia
    The ugly does not correct the good-looking

26. E lē a'oa'ia e Laupu'ā (lou pua'a) Tamafaigā
    A pig does not correct a high chief

27. E lē aogā 'uma lā'au o le vao
    Not every tree of the forest is valuable

28. E 'a'oloā le vao
    The forest is full of ghosts

29. Na au le 'ina'ilau a tama'ita'i
    The ladies row of thatch was completed

30. Pei o se laumea e tafea i le au
    To be like a dry leaf that is carried away by the currents

3

31. 'Ua lē 'a'u lo'u titi
    The ends of my girdle (titi) do not meet

32. E auau le tava'e i ona fulu
    The tropic bird is fond of its tail-feathers
    OR

33. E mamae le tava'e i ona fulu
    The tropic bird takes care of its feathers

34. Fa'atafea i le auau
    Let it drift with the currents

35. Fa'ae'e se 'au'au 'ae tātou velo 'aso iai
    Put up a proposal so that we can give an opinion on it

36. 'Aua, 'aua, 'aua lava ne'i fa'avaivai!
    Do not ever, ever, never ever give up!

37. E lē toe 'aufagaina 'upu o lo tātou taeao
    We can now speak freely

38. 'O āuga a le au na sili ai i Fiti
    The movements of the currents forced them past their destination and landed in Fiji

39. 'O le 'ā suatia le 'aulapa uta
    The produce of the land will be dug up

40. 'O faiva 'aulelei
    Good looking tasks

41. 'O le faiva aulima tautala
    A speech is like fishing that is hauled in

with the hands

42. 'Ua ta'oto le 'au peau
    The swell has gone down

43. E 'ausigatā 'ulu a le tamāloa Ā'ana
    It is hard to get the Ā'ana man's breadfruit

44. 'Ua pei se tava'e le ausu i le fulu
    To be like a tropic bird that is proud of its feathers

45. Pei se 'auva'a 'ua lelea
    Like a crew that is blown away by the wind

'Ua tosoina fa'ai'a o 'afaloloa
    To be dragged like a hooked loloa fish

46. Ne'i afe se atua o le ala
    May the evil spirits of the road never appear

47. 'Aua le tūlia afega
    Do not get in the way

48. 'Aua le afetualaina Pī
    Don't ever consider the boat passage, Pī

49. Fā le taeao e lē afiafi
    Morning thought that Evening will never come   OR

50. Fā le pō e lē ao
    Night thought that Daylight will never come

51. 'Ia fili i le tai sē agava'a
    Choose at sea, he who is able

52. 'Ua lē sau i le āfu, lē sau i le tutupu, 'ae 'ua sau i le lalau
Did not come when the yam withered (āfu, i.e the yam is matured, ready to harvest) ; did not come when the yam sprouted (tutupu, i.e the yam can still be harvested) ; but he came when the yam was once more in leaf (lalau, i.e the yam is uneatable)

53. E lē se ua, 'a'o ni afuafu
It is not rain, just a light shower

54. 'Ua āfulelea le tausaga
The yams of the season have withered

55. 'Ua talafulu manu na moe 'afusia i matagi
The birds that slept covered with rain are ruffling their feathers

56. 'Ua toe o se āga
There is still a span

57. 'O le tā e lē agaia lau afioga
Your highness is like a blow that cannot be blocked

58. E agatonu Manu'a 'o le fesili
To correct oneself, just ask

59. Se'i muamua ona ala uta
Try it first on land

60. Tōfā i vai 'ae ala i 'ai
Sleep on a drink of water and wake up to a meal

61. 'Ua leai se ulu e ala
Not one head was scratched

62. Sa 'ou ui a'e i le ala i Sao
I went past the road to Sao

63. E tū le alagāmea i le tūlāgāvae
The alagāmea net stands where there are footprints

64. 'O le gase ā ala lalovao
To die like a path in the bush

65. E fofō e le alamea le alamea
Like cures like (Like attracts like)

66. 'O le ma'i ma le alani
A sickness and the cause of it

67. 'Ua lē se'i mau i se alāva'a
Should hold fast to one boat passage

68. 'Omi'omi fa'aniu 'ale'ale
Press it gently like a young coconut

69. 'Ou te lē toe sau i le 'alia uluulutau, 'ā 'ou te toe sau i le 'alia uluulufolau
I shall not come back in a double war canoe, but I shall return in a double sailing canoe

70. 'Ua aliali le va'ava'a o le tava'e
The breastbone of the tropicbird is now visible

71. Ua alu atu le afi
Here comes a fire

72. 'Ā pā'ia le pā o Foāluga, sua le tuli 'auā le ali'i o 'āiga
When you reach the boundary at Foāluga, turn back for the sake of the first born

73. Na si'i le faiva o se alili, 'a 'ua maua ai le puiali'i
They went fishing for shellfish, but caught ladies of high rank instead

74. Sina e, o o'u alofa'aga, o Fale'ula lenā
Sina, as a token of my love, here is Fale'ula for you

75. E manatua pea alofa talimana'o
Love that satisfies a need will always be remembered

76. 'Ia lafoia i le alogalu
May it be cast on the lagoon side of the reef

77. 'Ua logo lē na i ama, logo lē na i atea
The fishing line on the lee side and the other one on the weather side can be felt

78. E poto ā le tautai 'ae sē le atu i ama
Even an experienced fisherman hauls in the bonito incorrectly at port side

79. E sola le āmio leaga 'ae tuliloaina
An evildoer may escape but will be pursued

80. 'Ua sao amo
All went well with the amo

81. 'Amu'ia le māsina e alu ma sau
Fortunate is the moon which goes and returns

82. Fītā mai vasa 'ae mapu i le ana o le maile na i le maota o le tapunu'u
To come through challenges at sea, but to be at peace at the cave of a dog that was at the residence of the first settler

83. 'Ia ā le puga nisi, ā le 'ana nisi
May some parts be polished with puga corals, others with 'ana corals   OR

84. 'Ia ā le puga, ā le 'ana
May some be puga corals, others 'ana corals

85. 'Ua anu i Lagī
Heavens was spat upon

86. 'Aua e te anu i Lagī
Do not spit to the Heavens

87. 'O le 'īmoa i le faleo'o e gase i le fale tele
The rat of the small back house dies in the large guest house

88. 'Ua api le uli
We are almost there

89. E 'asa le faiva, 'ae lē 'asa le masalo
A fishing may have no success, suspicion usually has some ground for it

90. E o'u le asō, 'ae o 'oe taeao
Today is mine, but tomorrow is yours   OR

91. E lē aogā le pūlou e toe 'oto 'a 'ua tō tīmuga
    A covering for the head (from banana or talo leaves) is plucked in vain when rain is already falling

92. E sua le 'ava, 'ae tō le 'ata
    The 'ava is dug up, but a cutting is replanted

93. 'Ua ta'oto le ataata o Taulelei
    The reflection of Taulelei lies on the waters

94. 'O le 'ā tā fetaia'i 'i i'u o gafa
    We shall meet again when our children marry each other

95. 'Ua muli mai ni oli, 'a'o ni foli?
    Boasting will follow, but is there any semblance of ability?

96. E ataga fua 'ae mamao
    It seems near but it is far away

97. Na alu e ati afi, 'ae alu atu nō masi
    He went to fetch for fire, instead he begged for masi

98. 'Ua 'ātoa le tino o Va'atausili
    The transformation of Va'atausili' is complete

99. Ua ilovai Āmaile i le alo o le Tuimanu'a
    Āmaile has found water because of the son of the Tuimanu'a

100. 'Ua iligia i matagi le sau o le ola i Malae o le Vavau
The wind is cooling the dew of life at the Malae o le Vavau

101. 'O le 'ulu na sā ma ona lā
The breadfruit tree that was forbidden, as well as its branches

102. 'O 'oe le asō, 'ae o a'u taeao
Today is yours, but tomorrow is mine

103. 'O le 'ava a finagalo
Food for thought

104. 'Ua togi, pā, tau i le 'ave
It is thrown at, bang, the fruit bearing stalk has been hit

105. E goto le va'a i lau 'āvega fetalaiga
A ship will sink from the weight of your words

106. 'O le tai o fafine lē avi
The evening tide of unattractive women

107. Ulu ma 'e'eu
To flick away (remove) what has entered

108. Taimi e ēle ai le matagi
The time when the wind subsides

109. 'O le gaogao 'ā 'ato tele
The emptiness of a big basket

110. 'Ua se 'emo o le mata le malaga
The journey was like the blink of an eye

111. 'O a'u nei o le lulu e esiesi e manu felelei
I am an owl chased by birds

112. 'Ia folo 'ī, folo toto
To swallow pain is to swallow blood

113. 'O le i'a vai mālō
Governmental power is like an eel

114. 'O le i'a vai tama'ita'i
The female eel is hard to get

115. 'Ua ma'alo le i'u 'ofe
The end part of the fishing rod is sighted

116. E itiiti a 'igaga 'ae lave i mala
The 'igaga fish may be small but it saved a disaster

117. E iloa le Vaisola i aso faigatā
Vaisola is felt during trying times

118. 'Ua mū le lima, tapa i le 'i'ofi
A person asks for the tongs (help) when his hands are burnt

119. 'Ua lutiluti 'a'o ni i'u matagi
It might look rough but it is the end of the storm

120. 'Ua 'i'o le 'upega o tautai ma 'ua a'e i fanua
The net is full of fish and the fishermen are going home

121. Ifo i le tī, a'e i le nonu
Take it away from the tī plant, but hang it on the nonu tree

122. 'Ua lē ila i fanua manatu folau
Thoughts at sea are not felt ashore

123. 'Ua tālo ilitea ma loimata le tama'ita'i nā i Fagasā
The lady at Fagasā waved the fan with tears

124. 'Ua ilo le ve'a
The ve'a bird knows

125. E mafai 'ona sui lou ōlaga i le si'itia o lou iloa
You can change your life through a shift in your awareness

126. Tau 'ina iloa 'iā i'a
Let it be witnessed by the fish

127. Ta te inu i Malie, 'ae ta te lē malie
I am drinking at Malie, yet I am still thirsty (lē malie)

128. 'Ua ipiniu'esea lou finagalo
Your mind is poisoned

129. 'Ua lē 'ītea le fasi na i Vaisafe'e
We know little about the slaughter at Vaisafe'e

130. 'O le i'a itiiti o 'igaga
The small fish named 'igaga

131. 'Oa'oa i fale seu
Delight in the hunters hut

132. 'O le lā'au e tū 'ae ōia
A tree that stands but is marked to fall

133. 'Ua ōia le vao i Fagalele
The bush at Fagalele is doomed

134. 'O le gafa o le Tuiā'ana 'ua o'o
The lineage of the Tuiā'ana lives on

135. E tasi le pō, 'ae ogaoga
It was one night, but a long one

136. Fa'atoetoe le muli o le ola 'auā Gāuta ma Gātai
Save some at the bottom of the basket for Gāuta and Gātai

137. 'Ua ola ā moamoa
To live life like a moamoa fish

138. Ola ia le matau
Put the axe aside

139. 'Ua ola i fale le lā'au a Nāfanua
Nāfanua's club killed her own relatives

140. 'Ua leai se manu e toe olo
Not a single pigeon is cooing

141. 'Ia oloolo pito va'a
Smooth it down in parts

14

142. 'Ua 'o se malaga i 'Olo'olo
To be like the journey to 'Olo'olo

143. 'Ua osaosa le si'uola a le tautai
The fisherman's basket is almost empty

144. 'Ia 'oso 'ati'ati
Dig up even the small pieces of yam

145. E uliuli fua le tu'u'u 'ae otagia
The tu'u'u fish may be ugly, but it makes a good pickle

146. Laga tagata oti
Raise the dead

147. 'Aumai le ū matatasi
Bring the one-pronged arrow

148. 'Ua ū ifo tau i le pa'u
The bite only penetrated as far as the skin

149. 'O le gogolo a ua pō
The rustle of rain falling at night

150. 'Ua o Lea'ea
To be like Lea'ea

151. E ui ina tetele uaga, 'ae lē māgalo ai le sami
The sea remains salty, despite heavy rainfall

152. 'O le ala o manū lē uia
The unused road to blessings

153. Tau 'ina uia ala o le atu
Just to pass along the bonito's way

154. 'Ua uō uō foa
To have been friends, then broken heads

155. 'Ua uimoto fua o le moli
The oranges have been plucked off before maturity

156. 'Ua mavae atu le ufiata
The darkness has been cleared away

157. 'Ia ufiufi a manu gase
To cover up dead birds

158. 'Ua maua 'ula futifuti
To receive shredded feathers

159. 'O le to'oto'o uliuli
A black staff

160. E uliuli 'ae lē pō lago
To be ugly, but does not swat flies

161. 'Ia ulimasao le lā'au a Nāfanua
May there be a happy ending to Nāfanua's undertaking

162 'Ua aofia i le ulu mea fatu fala
The 'aulafo discs have been put into a folded-up mat

163. E gase ā uluga
The dying of a pair of birds

164. 'Ou te lē uluto'oina le tōfā ma le moe
I will not interfere with the decision made

165. 'Ua 'o se unavau
He is like a poisonous unavau fish

166. 'Ia ō gatasi le futia ma le 'umele
May the sinnet ring and the fishing rod stand be of equal strength

167. 'O le niu 'umi
A tall coconut tree

168. 'Ua vela lana umu i lo tātou nu'u
He has served the village well

169. 'Ua tautalagia le umu lapalapa
The lapalapa oven has been spoken against

170. 'Ua tu'u tasi le 'upega o Pili
Pili has cast the net by himself

171. 'Ua tu'u i tai le va'a tele
The big net is taken out to sea

172. E usi i le tai le agava'a
The quality of a canoe can only be tested at sea

173. 'Ia usiusi fa'ava'asavili
To obey like a boat sailing before the wind

174. 'O si o ta uso si o ta masalo
My suspicion is my brother

175. Ō uta ia i Olo
Go inland near Mount Olo

176. 'Āfai 'ā lē māgalo, ō uta ia i Olo
If he is not forgiven, may his dwelling be at Olo

177. Pe 'ā pō li'avale, e uta iai manū ma mala
When it is night and bad dreams affright, beware of good and bad fortune

178. 'Aua ne'i la'ai le uto i le maene
Let not the float go over to the side of the sinker

179. Taliu le uto
Hit the disc back

180. 'Ua tini le uto
The uto disc has reached its goal

181. Leitioa 'ā lala'oa lona uto, o le 'ai nini
No wonder his head smells of fish, he eats and touches it

182. 'Ua 'ē sopo utu
You are crossing the trench

183. Sa'a fa'aoti le utu a le fai mea
Let the fisherman's receptacle be completely emptied out

184. 'Ua utu le toto masa'a
Bloodshed has ceased

185. Pe nā 'o le 'utu e vaelua?
Can only a louse be divided?

186. 'Inā utupūpū ia, 'ia matuā fagumau lava
Take great care of it, and bottle it up safely

187. 'Ua fa'afaiva o matu'u
To fish like a matu'u

188. 'Ua utupūpū fulu o le sega'ula
The feathers of the sega'ula bird are stored away in the atigi pūpū container

189. 'O 'oe o le tao 'ua tu'ua i le fā
You are a spear that is left in the target

190. 'Ua 'ē fa'aa'e le vāgātai
You have brought up the seas

191. 'O le gogosina toea'ina e fa'aa'ea le tai
The elderly tern makes the call to return home

192. E tasi le fa'aafi, 'ae felatilati
One bowsprit, but is adequate

193. 'Ua fa'aalāva'a o taimasa
To be like a boat passage at low tide

194. Fa'aalia i le tolotolo Usu
To be revealed at Usu Point

195. 'Ua lē se'i seu fa'aalo
Should have used the net with due respect to others

196. Na 'ona fa'aamoamotali i le va'a
They only touched the canoe that was being carried

197. 'O le fa'a'ata'ata ā lafoga
A forced smile during the game of lafoga

198. 'Ua fa'ai'a o mātau
To be like a hooked fish

199. 'Ua fa'ai'u laufala
To finish like the end of a pandanus leaf

200. 'O le 'ā fa'aifo atu mea a le lagi
Things from heaven are hereby given unto you

201. 'Ua fa'aifo le lā i lona tauafiafi
The sun sets in the evening

202. 'O le fono e fa'ailo i le afi mūsaesae
A meeting that is made known by a blazing fire

203. E fa'ailoilo e le ve'ave'aalagi 'ai o le tai
The ve'ave'aalagi bird predicts a fishing catch

204. 'Ua fa'aofo ā gata
To impress like a snake

205. 'Ua fa'aosofia le manu i Utufia
The bird at Utufia tried to match another (bigger) flock

206. 'O le fa'aua a le Ālofi
Like rain at the Ālofi coast

207. Fa'aui le 'ula
Take off the necklace

208. 'Ua fa'aususeu manu o le tuasivi
The mountain birds are starting early

209. 'Ua fa'autuutu le manutulu'ia
The manutulu'ia bird has cried a warning

210. 'Ia fa'afaō le va'a o mala
Turn the ship of misfortunes upside down

211. Fa'afānauga a laumei
Like the hatching of young turtles

212. Anini Anini, Aveavai
Anini was destroyed, and then Aveavai

213. 'Ua fa'afetaia'iga a taula
A quick meeting of the anchors

214. 'O le fa'afitiga a tautai
The denial by a fisherman

215. 'Ua tu'utu'usolo fa'afuamanusina
To be placed anywhere like the eggs of the manusina bird

216. E lelei le fa'agaogao 'ato telē
It is good to have large empty baskets

217. 'Ua fa'alā'au tū i vanu
To be like a tree standing near a precipice

218. E manatua pule, 'ae lē manatua fa'alaeō
Mercy (exercised by the authority, pule) will be remembered, but destruction will be forgotten

219. E le'i iloa i Saua, e lē iloa i le fa'alāgāmaea
Was not seen at Saua, won't be seen on the first trip of the canoe

220. 'Ua fa'aluma tupu i fale
To be disgraced from within the home

221. 'Ua fa'alava Leāmoa, 'ua fa'atu'ia vae
Leāmoa is lying across the path, a stumbling block for the feet OR

222. 'Ua fa'alava le Āmoā
Āmoā is lying across the path OR

223. 'Ua se ivi e fa'alava i le fa'a'ī
To be like a bone that lies across the throat

224. E mau ē fa'alele, mau ē mātau
Some will let loose, some will observe attentively

225. Sa'a le fau, tūlima lau lupe
Haul in the string and take the pigeon by the hand

226. 'Ua fa'alupetūpola
To be alienated

227. 'O 'upu o le pō, e ta'u fā'ali'a
Words of the night, are only told as dreams (with hidden meanings)

228. 'O le i'a a tautai e alu i le fa'alolo
The fish appears as if it went into the net at the will of the fisherman

229. 'Ua fa'aluā'i talo i Āsau
To be planted twice in the same hole as was done at Āsau

230. E tasi mai i Saua, 'ae fa'aluaina i Matā'utu'a'ai
One thing was ordered by Saua, but Matā'utu'a'ai made it two

231. Fa'alupe tūpola
To be like a pigeon standing on a pola   OR

232. 'Ua sola le pepe na i le vae, sola le pepe na i le lima
The butterflies tied to the feet have escaped, the ones held with the fingers have also escaped

233. 'O le 'ā ta'oto ia fa'amaene o tai loloto
To be like the sinkers of a fishing net in the deep sea

234. 'Ā fa'amaifi le to'atasi, 'ua mafatia le to'atele
When one person farts, many would suffer

235. Fa'amau ia le fafau
Secure the fastening now

236. E leai se tagata e tū fa'amauga
No man stands like a mountain

237. 'Ia fa'amalaga 'a Ā'ana
To behave like the travellers of Ā'ana

238. So'u paolo e ma so'u fa'amālumaluga
My shade and my protection

239. 'Ua fa'amanu o savili
To be like a bird in the wind

240. 'O tagata 'uma e maua manuia, 'ae e lē o tagata 'uma e maua fa'amanuiaga!
Everyone receives blessings, yet not everyone is blessed!

241. 'O le fāgota fa'amanusina
To fish like a manusina bird

242. Fa'amāsani i le ola fa'amāsani
Learn through experience

243. 'Ua 'ē tiu fa'amatalā'oa
You have fished like one from Matalā'oa

244. Fa'amatua i vao
To look after the parents in the bush

245. 'Ave le fa'amua i ē na mua i malae
Give preference to those that were at the malae first

246. 'Ua fa'apei o le fa'anaunauga 'iā Veve
To be like the request made to Veve

247. 'Ua lē fa'anafatia tau lima
He is unable to fight with his hands

248. 'Ua tafea i le au mana'oga fa'ananau
Desirous wishes have been carried away by the currents

249. E fa'aniutū le vā to'oto'o i taimi o le 'a'ava
The verbal exchanges between speakers are firm and lengthy during times of unrest

250. 'Ua fa'apapateaina
To be all destroyed like Papatea

251. 'Ua fa'atagitagi ula
To start to cry like a crayfish

252. 'Ua fa'anoa fua le matūlau i le fa'anoa a gatala
The matūlau fish shares the grief of the gatala fish for no reason at all

253. 'Ia fa'ape'ape'a lē tū
To be like a swallow bird that never rests

254. Fa'apei 'ona naunau le mutia i le sau, e fa'apēnā 'ona 'ou naunau 'iā te 'oe lo'u au
Just as grass yearns for dew, that is how much I long for you my love

255. E lē fa'apito Manū 'iā Tasi
Good fortune is not confined to one (Tasi)

256. Tau ina tā ma fa'apoi
May the strike be just a threat

257. 'Ua fa'apupuātī lē gase
To be like a clump of tī plants that never die

258. Se'i muamua se fa'asao a manu vao
Firstly, make an offering to the gods

259. 'Ua fa'asami tu'ua
To be like a deserted sea

260. 'Ua fa'aseumata'ina
To be a spectator at seugālupe

261. 'Ua fa'aselu gaugau
To be like a broken comb

262. 'Ia tala mea fa'asolo
To dismantle one at a time

263. Se'i fa'asili tēisi le sā o Alo ma Sina se'i tafola ma ta'oto 'au peau o le ava i Utumalama
Let the canoe of Alo and Sina go past for a while until the swell of the reef passage at Utumalama have subsided

264. 'Ua lē fa'asino pū, lē tautu'u palapala
To neither point to a hole nor carry away the mud

265. E fa'asīsī fua i i'a, 'ae mana'o i le pua'a
He asked for fish, but wanted a pig

266. 'Ua motu la'u fa'asolo
My garland of flowers has snapped

267. 'Aua ne'i fa'ataua'i lapalapa
Don't ever behave like you were fighting with a lapalapa

268. 'O le lamaga 'ua fa'atauaitu
The torch fishing that turned into a devil fight

269. 'O mafutaga mausalī e āfua mai i le fa'ataualofa
Lasting relationships start with loving one another

270. 'Ua fa'atagito'ia
To be distressed like a decoy bird

271. 'Ua fa'atafetafea fa'alamatāolo
To drift freely as if fishing with a spear while sitting in a canoe

272. Mātou te ō mai nei fa'atagi timu, fa'atagitagi ula
We come in tears like rain, like the cry of a crayfish

273. 'Ua fa'atagitagi niu malili
To cry for fallen coconuts (i.e to be unable to climb a coconut tree)

274. 'Ua lē sa'a fua le fa'atamasoāli'iga a Tapu
Tapu's catch was emptied out for a good reason

275. E lē se tunuma ma moe fa'atasi
To be unlike the container in which the tattooing instruments sleep together

276. Tau 'ina 'ou fa'atātā ma fa'aeva le lautifa i le moana
Just to cast and display the tifa fish hook in the ocean

277. Sa'ili 'ese fa'atavaū
Search another place like a leech

278. Na 'ou lalafoina, 'a'o ia na fa'ati'apulaina
I cleared the weeds and he planted the talo tops

279. 'Ua fa'atīlāfono i'a o le 'ata
The big fishes are showing off their dorsal fins

280. 'Ia fa'atili foe mo le a'e
Save energy for the return home

281. Fa'atilotilo māsae
To look for a hole in a net

282. 'Ua gagalo fa'a-Toga nā i Vaigalo
To disappear like the Tongans at Vaigalo

283. Ne'i fa'atoma'aga sopo mauga ma la'a vanu, a o lo'o tuagia malae ma tapa'au
Lest we search for fine mats by crossing over mountains and walking through valleys, when the tulāfale and the chiefs are at hand

284. 'O le fa'atonutonufolau
He who directs a voyage

285. 'Ou te fa'atuā'iato
I am like the one sitting behind the outrigger boom

286. E lē tau fa'atuāpulea le ma'a osofia
An effective octopus-lure does not need to be decorated with cowrie shells

287. Fa'autu le fao
Cease using the gouge

288. 'Ua logo fa'atutuila
To listen in silence

289. 'O le mea fa'atamāli'i, fa'asala, 'a'o le mea
fa'atūfanua, o le fa'alumaina
To punish a crime through the proper
channels is more dignified, and is the
conduct of a chief, but to take justice into
one's own hands is the conduct of a boor

290. 'Avea le fa'atupualofa ma so'otaga o le
fīlēmū
Let the fa'atupualofa grass unite us in peace

291. 'Ia fa'atutū mai foe ina 'ia faia'ina le savili
Paddle hard to overcome the wind

292. 'Aua le fetaua'i fa'ava'amatāgia
Don't be like a boat fighting against the
wind

293. 'Ua 'o le fa'avāgana i Paia
To be like the gossip at Paia

294. 'Ā 'ua teu, 'ia ma teu, 'ā 'ua fai, 'ia ma fai
If you want to cover me up, cover me well, if
you want something else, do it thoroughly

295. 'O le fono fa'ia
A plank that will be removed again

296. Fā'i fo'i o le fale, 'a'o le 'anofale
Consider the house, as well as the contents
of the house

297. Fā'i fo'i o ē feoti, 'a'o ē feola
Consider well those that have passed on, as well as those that live on

298. E lē fo'i le alofa e tau lava i faigatā
Love overcomes all difficulties

299. 'O le failā tū i le ama
The forked wood on the outrigger

300. 'Aua ne'i fiu le fai mea
Do not cease creating

301. E lē o mea 'uma e mafai 'ona faitauina e faitaulia, e lē o mea 'uma fo'i e faitaulia e mafai 'ona faitauina
Not everything that can be counted counts, and not everything that counts can be counted

302. Nā 'o le taeao o faiva
Fishing is best in the morning

303. Nā 'o le afiafi o faiva
Dancing is best at night

304. 'Ua faiva 'ese Lōpepe
Lōpepe caught something different

305. Ne'i lē 'auga le fao 'ato
Lest the contents of the basket prove to be insufficient

306. 'Ia so'o le fau ma le fau
Splice hibiscus fibre with hibiscus fibre

307. 'Ua numi le fau
The string (tied to the leg of the tamed pigeon) is entangled

308. 'O le va'a fau pō fau ao
A boat that was built night and day

309. 'O le pā 'ua sala le fausaga
A fishhook design that is defective

310. 'Inā gogolo ifo ia i le fafā
May it sink unto the bottomless pit

311. 'Ua 'ātoa tupe i le fafao
The ten lafoga discs are all collected and are in the container

312. Toe sasa'a le fafao
Pour out the lafoga discs from the container

313. 'O le fāfaga ma le feūna'i
A load comes with a push

314. 'O lo'o fafatu le 'upega o Pili
Pili is making a net

315. 'Ou te nofo atu nei, 'a 'ua o le lā mumū i fafo
I sit here before you, but I am like the sun that shines outside

316. 'Ua 'ātoa le faga i Laua
All have assembled at the bay of Laua

317. E lē toe vāea le fala'o'oto i lā tātou mafutaga
We shall not divide a mat when we are friends

318. E lē falala fua le niu
The coconut tree does not lean across by accident

319. 'Ia lago malū le fala lafo
May the mat rest on a soft bed of mats OR

320. 'Ia lago malū le fala lafo i lou finagalo
May the mat find peace within you

321. 'O le fale pato lava e tasi
It is from the same breed of ducks

322. Seu 'oe i fale mua, 'ae 'ou seu i fale vā'ai
You catch at the front hut, and I will be at the lookout hut

323. Se'i soli le falī
Wait till foot walks on grass

324. E fana le fatu, 'ae tu'u le manu
To shoot a stone, and not the bird

325. 'Ia tāupe le tila, tāupe le fanā
Haul the sprit and the mast tight

326. 'Ua 'ite fanuaalalo
Land is in sight

327. 'Ua fasia fua Foaga, e le'i fai misa
Foaga was beaten although he was not involved in the fight

328. Sē 'ā lē mafai le teine, fasimate
If she refuses to come, kill her

329. 'Ua 'ou seuseu ma le fata
I am fishing with a segment of the net

330. 'O 'ula fatu 'ese na nanamu i fanua'ese
The garlands that were made elsewhere gave a sweet fragrance in foreign lands

331. 'Ia nātia i fatuālavai
May it remain hidden in the pig's stuffing

332. E ta'ape a fatuati
To collapse like a heap of stones

333. 'Ua feagai Vini ma Tāpana
Vini and Tāpana lie opposite to each other

334. 'Ua o Tapatapaō e feālua'i
To be like Tapatapaō who wanders from place to place

335. 'Ua feanu i le matāmatagi
To spit at the wind's eye

336. 'O manu e fulu fa'atasi e felelei fa'atasi
Birds of the same feathers fly together

337. 'Ua fesaua'i fa'alā'au 'o matagi
They are tangled like trees blown down by the wind

338. E fesili Mulimai 'iā Muamai
Mulimai asks Muamai ; First come first served

339. 'O le 'ā fetaia'i i si'utilā ma ululā
We shall meet like the top and bottom edges of a mat sail

340. 'Ua fetaui fola
The floor boards have met

341. 'O le uta a le poto e fetāla'i
A wise man thinks (and he even thinks twice)

342. Susulu maia le mālama o le Fetūao
Let the light of the Morning Star shine

343. 'Ua fetuia'i fa'afaga a 'apoa
To stab one another like a school of 'apoa fish

344. Fetu'una'i muniao
Adjust the transverse wood of the net

345. 'O le tā 'ato, e fevā'ilia'i
This is our basket, we share it

346. 'Aua ne'i fiugōfie
Never give up

347. 'O le fili vā i fale
The enemy in between the houses

348. 'O le 'upega e fili i le pō, 'ae talatala i le ao
A fishing net is entangled when used at night, but it is disentangled during the day

349. Na fai ma fili i ta'ifau, 'ae gase i le 'īmoa
Was a threat to the dogs, but was killed by a rat

350. 'Aumai le ū matatasi e fana a'i le lupe 'ua i le filifili
Bring the one-pronged arrow to shoot the pigeon in the bush

351. 'Ua mū le foaga
The grindstone is burning

352. 'O le aso ma le fīlīga, 'o le aso ma le mata'inātila
Just as sinnet is plaited everyday, so should a mast be inspected daily

353. E fīsaga i Matagilēmoe 'ae lili'a i Matāutu a le Solo
To enjoy the breeze at Matagilēmoe but to be anxious at Matāutu a le Solo

354. Fitifiti le 'ulu na toli e Leaosavai'i
Flick the breadfruit that was plucked by Leaosavai'i

355. 'Ai ma le foa mea a Losi
Losi ate with a fractured head

356. 'Ua fa'avai foa'ese le papa foagia
The rock that was struck is like water created by a stranger

357. Foai, foai, mai
To chip, and chip, then salt water

358. 'Ua matua i le foaga
To have a grindstone for a father

359. 'O le foe fa'ae'e i le tau
A paddle lying on the deck of a canoe

360. 'Ā iai ni alofa, fou i Futu
If you have love, try the passage at Futu OR

361. 'Ā iai ni ou alofa, fo'i i Futu
If you have any compassion, return to Futu

362. E lē tu'uina i fafo ne'i sautia, pē sunu'i i le
'ele'ele ina ne'i fōua e le ilo
*It won't be left outside lest it be damped, it
won't be thrusted into the ground lest it be
attacked by maggots (of the Tuifiti)*

363. 'Ua fofoga fanua ina 'ua fa'ailo le i'asā
*A turtle is caught and is made known to the
village*

364. 'O le fogāva'a e tasi
It is of the same fleet

365. Fōlau a alamea
To be cured like the alamea does

366. 'O le fono fa'apipi'i
A plank fixed temporarily

367. Se'i fono le pa'a ma ona vae
Let the crab have a meeting with its legs

368. 'O le māsae a le tu'ifala, e toe fōnofonoa
The torn tu'ifala will be mended

369. 'Ua sola le fai, 'ae tu'u lona foto
*The sting-ray got away but left its barb
behind*

370. 'Ua fotu mai le ali'i i le faiva o manusisina
*He came into being from the works of the
white terns*

371. 'O le fōtuga a Mosopili
The appearance of Mosopili

372. 'Ia fua le niu
May the coconut tree bear fruit

373. E tagi fua Vī 'ua i le va'a o 'Enelī
Vī cries hopelessly but she is in the boat of 'Enelī

374. 'O le ua na fua mai i Manu'a
The rain that came from Manu'a

375. 'Ua logo le fu'a ma le pa'ō
The flutter of the banners and the noise of the drum is heard

376. 'Ia mamau fa'alauniu fuālau o le lauloa
May the segments of the lauloa net remain intact

377. 'O le fuata ma lona lou
To every harvest there is a harvesting stick

378. 'Ua sa'a i le fuefue le faiva o le tautai
The fisherman's catch is poured out to the creepers

379. 'O le lupe na fa'ia mai i le fuifui
The pigeon that was selected from the flock

380. 'Ua fuifui fa'atasi, 'ae vao 'ese'ese
Have gathered together, but are from different forests

381. 'Ia ifo le fuiniu i le lapalapa
May the cluster of coconuts bow to the midrib of the coconut leaf

382. Funa e, 'ā vele lava nā vao i le lā?
Dear woman, must you weed in the sun?

383. 'Ia tupu i se fusi
May it grow in a swamp

384. 'Ua aofia i le futiafu e tasi
All are gathered in the one pool

385. 'Ua gau le sila i le fa'i
The banana tree has broken the (steel) magnet

386. 'O le gagalo i Vaigalo
The disappearance at Vaigalo

387. Na gagana le matapula ma le lalafi
The matapula and lalafi fish did comment

388. 'Ua gase gālala le ali'i o Ulupu'u, 'a'o tōfā i vai le tama'ita'i
Ulupu'u died from thirst while the lady sleeps in the pool

389. E gase le pa'a i lona vae
A crab dies from its own leg

390. 'Ua gase i le vao le tagata o Tupuivao
Tupuivao's man has perished in the forest

391. 'Inā gasemoe, o le faiva o tama tāne o le tau
Rest in peace, war is a profession of strong men

392. Nā 'o le gata e fasia, 'ae pupula mai ona mata
Only a snake looks at its slayer

393. 'Ua fa'amea goto i moana
To be like a thing sunk in the deep sea

394. 'Ua gutu 'iā Vave le sā o Vave
Vave ate up all that was made sacred for him, Vave

395. 'Ua fa'afugafuga gutulua fa'apea
To be two-mouthed like a sea cucumber

396. 'O le la'a e tasi le malaga
The journey was only a step

397. E lē la'ai mo'o i liu o va'a
The gecko does not walk about in the bilge of a boat

398. 'Ai la'ai fa'avalo
To join another at his meal (uninvited) like a valo crayfish

399. Moli lā'au i Foga'a
Take the clubs to Foga'a

400. 'Ā si'isi'i le gātaifale, 'ia folau i le lā 'afa
When the sea is rough, use the sinnet sail

401. E vāvāmamao le lae ma le 'auvae
The space between the corner of the mouth and the chin is huge

402. Lāgā tagata oti
Let the dead rise

403. E lē tau lā'eia le ma'a osofia
An effective octopus lure does not need to be decorated

404. 'Ua laolao le sami
The sea is smooth

405. 'Ua lau i 'ula 'ae pou i le toa le fale nā i Āmoa
The house at Āmoa was thatched with garlands and its posts made of toa wood

406. 'Ia lauama to'oto'o
To settle a dispute by mutual concession

407. 'Ua luluti le lauāto'o ina 'ua tuavalu le fuālau
The intensity of the poles crushing the corals increases as the eighth net is completed

408. 'O le tao e alu ma le laufa
A spear takes with it a piece of the coconut husk

409. 'Ua āfu le laufale
The cover of the fale seu is aging

410. 'Ua lāgā taumulimuli le lāuga a Vailalo
Vailalo's speech was made at the end of the meeting

411. Fa'aui lau lāvea
Disentangle the leaves of the lauloa net

412. 'O le poto a lauloa
The wisdom shown during the lauloa fishing

413. 'O le faiva o le lauloa e fāgota i tai e lua
The lauloa fishing is executed during high and low tide

414. 'Ua se vai ma lau tā'ele
Only at a bathing pool can everyone have a turn to bath

415. 'Ia saosao lautalo
Collect the talo leaves

416. E iloa le manu i ona lauvae
A bird is identified by its mark

417. 'Ua māe'a 'ona lauvae manu'ula
The manu'ula birds have been marked

418. 'Ia lafo ia i le fogāva'a tele
Cast it upon the big deck

419. 'Aua ne'i fa'anu'u lāfoa'i i vasa
Let it not be like the land that was abandoned at sea

420. 'Ua lafolafo le sami
The sea is rough

421. E lāfulafu ā tama seugogo
To be untidy as a youth catching sea birds

422. Lāgā 'upu popo
Bring up old stories

423. Tūtogi le paogo 'ae fa'asao le laga'ali
Bark the paogo, but spare the laga'ali tree

424. 'O lo'o tū mai lagī le laga'ali a Tamafaigā
The laga'ali tree of Tamafaigā stands high up in the heavens

425. 'Ua fa'a'umatia lagi a Pu'apu'a, 'ae le'i siva Leautau
Pu'apu'a have sung all their songs, but Leautau has not yet danced

426. 'Ua pei o se i'a lavea
To be like a wounded fish

427. 'Ua 'uma ona tā lago a Masefau
Masefau has already cut the supports for his canoe   OR

428. 'Ua 'uma ona tā logo a Masefau
Masefau forewarned his sister

429. 'Ua 'ou nofo i le va'a lagoā
I am sitting in an unstable canoe

430. 'Ua se va'a e lalago
Like a propped-up canoe

431. 'O laloifi lenei
This is under the ifi tree

432. Lama tuāpola
To prey behind the blinds

433. Tātā lali lāpopo'a
Beat the big drums

434. 'O le latalata a Salei'a
The nearness of Salei'a

435. 'O le latalata 'a 'ālāfau
The proximity of the cheek

436. 'Ou te se Āmoa lava a'u
I am indeed a man of Āmoa

437. 'Ua solo lelei le lavalima
The project is progressing well

438. E sau le faiā'oga 'ina 'ua lavatāpena le tama
ā'oga
The teacher comes when the student is ready

439. 'O le lave a Fulufuluitolo
The rescue by Fulufuluitolo

440. 'Ua lē i Pau, lē i Vau
It is not at Pau nor at Vau

441. 'Ua leo itiiti le Paia
*The voice of the man from Paia is barely
audible*

442. 'Ia leoleosa'i le tuasivi ma le lupe papagatā
*Guard the Tuasivi and the pigeon that is
difficult to restrain*

443. E itiiti a lega mea
It is as little as the lega

444. 'Ua iloa i va'a lelea
*To be seen as seldom as boats carried away
by strong winds*

445. 'Ua tū lili le tai
The sea stands furiously

446. E māfua le lē moe ona o lo'o i 'ī, 'ae o lo'o
mana'o e 'i 'ō
*Sleeplessness is caused by being 'here' but
wanting to be 'there'*

447. Lepa ia i le foe
Keep the boat still with the paddle

448. 'Ia lepa fa'avai'ula
May it be calm as the Vai'ula

449. E lē tauilo vaifolau
The waters that sailed is well known

450. E utu i malae tagisaga a 'āiga lē tāgolima
*The request of those in need is fulfilled at
the place of a senior orator*

451. 'Ua tuavale le mana'o 'ina 'ua lē
tu'upoloa'iga
*The wish was not fulfilled because the rules
were ignored*

452. E pogai i vao, 'ae lia'iina i ala
*It originated in the forest, but is now
diffused in the streets*

453. E tutupu matagi i liu o va'a
*A wind can rise even from the inside bottom
of a canoe*

454. Ne'i fa'amauga liu vanu pei o le 'ava nā i
Salāfai
*Lest we become a mountain turned into a
valley like the 'ava at Salāfai*

455. 'Ua līua le vai o Sina
Sina's river has turned around

456. 'Ua līua le tua ma le alo
The back and front are turned back and forth

457. 'Ua fāgota i le liuloa
To put fish inside the canoe when caught

458. 'Ua se'e lili'a Saveasi'uleo
Saveasi'uleo surfs cautiously

459. Na iloa i Nu'uuli 'a 'ua liliu i Palapalaloa
It was seen at Nu'uuli but was changed at Palapalaloa

460. 'Ua lilo Utumā, 'ae ali Utumou'u
Utumā is concealed, but Utumou'u is not

461. Faiva o Fiti 'ia lililo
May the Fijian method of fishing remain concealed

462. 'Avatu ni lō, 'aumai ni lō
To give lō fish, and to receive lō fish ;
This for That

463. E sau le fuata ma lona lou
A harvest comes with its own harvesting stick

464. Lou 'ulu mamao
First hook down the breadfruit hanging on the furthest branches

465. 'O le tele o popo e sua ai le lolo
To have plenty of coconuts is to have plenty of coconut oil

466. Se'i logo 'iā Mo'o
Let us inform Mo'o

467. Se'i logo 'iā Matuna
Let us inform Matuna

468. 'Ua logo 'ese'ese fa'amea vilivili
To be misunderstood like the drilling of holes

469. 'Ua taia le logonoa i pēsega a manu lele
The bird's singing has struck the deaf person

470. 'Ua lologo le fogātia
The hunting field is quiet

471. 'O le i'a 'ua lata i le loto
A fish that is approaching the deep

472. E tū mālō i le loto tauivi
Perseverance brings success

473. Se'i lua'i lou le 'ulu taumamao
Pluck the breadfruit further away first

474. 'Ua osofia mōega lūaga
The purlins are properly joined and intact

475. Si au to'o lē au ma si au luagalau
Your pole that could not reach and your two fish

476. 'Ia luamata tō 'ese
Let each person plant his own talo plantation in a different location

477. 'Ua se lulu e vālo'ia e manu
To be like an owl that is predicted by the birds

478. 'Ia lūlū fa'a'ele'ele o le 'ava pa'ia
To shake like dirt from the revered 'ava plant

479. 'O le luma tupu i fale
A disgrace from within the family

480. E lumāfale i le moana, 'ae tuāfale i le papa
In front of the house is the sea, at the back are the rocks

481. Lutia i Puava, 'ae mapu i Fagalele
Distressed at Puava, but rest at Fagalele

482. 'Ua lutiluti le gātaifale
The sea is rough

483. 'Ua feagai Vana ma Lōlua
Vana and Lōlua are opposite to each other

484. 'O le tagata, e ola ma'alo e pei o le lāoso ma le lāgoto
Man appears and disappears like sunrise and sunset

485. 'O le popole e tupu ai le māasiasi
Worry brings shame

486. 'Ua sāia fua le mā'ave'ave lē fua
The branch that has no fruit has been struck in vain

487. 'Ua māefulu le tava'e
The tropicbird is careful of its long tail feathers

488. 'Ua māi vai, 'ae suamalie 'ava
Water is salty, but 'ava is sweet

489. 'Ua māi vai o le Tagaloa tālu Sili ma Vai'afai
Tagaloa's water is brackish because of Sili and Vai'afai

490. E leai se faiva e 'asa ma le mā'imau
To every fishing is one that gets away

491. 'O le mao a le ala
The warning 'Pull there is a lull' given by a stranger

492. 'Ua mao 'apa'au o le pe'a
The flying fox regrets giving away its wings

493. Ne'i mao i le fa'alogo 'ae tau i faigatā
Lest we hear incorrectly and reach difficulties

494. 'Ua lē se'i mau i se alāva'a
Should have hold fast to one boat passage

495. 'Ua maua le fili o 'Aumua le Sigano
'Aumua le Sigano has got a wife

496. 'O le soifua maua
The recovery of health

497. 'Ua maua manu'ula
We have got the red feathered birds

498. Māumau o teu ma tīfiga, 'ae 'ā galo
Ornaments are meaningless, they will be forgotten

499. 'Ia māunu i tala
Bait with words

500. 'O le va'a 'ua mafa tautai
A boat full of captains

501. 'Ua tātou fetaia'i i le magā fetau soifua
We meet alive under the fork of the fetau tree

502. 'O le pā 'ua sala i le maga
The hook has come off the shaft

503. 'Ua mālaia nisi 'iā pusi, mālaia nisi 'iā Pagoa
Some died because of the eels, others by Pagoa

504. 'O le va'a e le'i mau le malali
A boat that was not well-caulked

505. 'Ua lē o le pā, lē o le āvā, 'a'o le malapagā
Not the fish hook, not a wife, but adversity

506. 'Ua malele le 'ava a Leausa
The 'ava call of Leausa has been heard

507. 'Ua malemo le Fatu
Fatu is drowned

508. 'Ua malie mea tāumafa, 'ua malie ma le faga
i Pa'au
*We are satisfied with the food and the
reception at the bay of Pa'au*

509. 'Ua malie le Papaigalagala
The Papaigalagala is pleased

510. 'Ua inu i Malie 'ae lē malie
To drink at Malie but is still thirsty

511. Mālō tautai!
Well captained!

512. Mālō foe!
Well paddled!

513. Mālō uli
Well steered!

514. Mālō gālue!
Job well done!

515. Tu'itu'i mālōfie
The tapping at a club match

516. 'O le malu ā i fale'ulu
Shelter we get under a fale'ulu

517. 'Ua 'o le malu i Falevai
Like the protection at Falevai

518. 'O le fogātia 'ua malu maunu
A *pigeon hunting field that is full of decoy pigeons*

519. 'Ia mālū le vai i lou finagalo
May your mind be as cool as water

520. 'Ia manatua Tāē o 'i Ātua
Do remember Tāē at Ātua

521. 'Ua fa'amama tō i fofoga
To be like a mouthful of food taken from the mouth

522. 'Ua 'ou nofo ma le mamalomi
I sit here with a mouthful of chewed food

523. 'O lo'o mamalu le atua i le āoa
The presence of the god (the owl) is felt in the banyan tree

524. 'O manava o Maile'ia 'ia 'avatu a'u, 'ae sao le tama
Maile'ia's request is to take me, but spare my son

525. Ne'i sō'oa Ātua i mana'o lē talia
May it not be like the search all over Ātua that was not fulfilled

526. 'O 'ula mana'o talia pei o Ofo'ia
A *garland of wishes fulfilled like Ofo'ia*

527. E tū lili'a i le Tō, 'ae maniti tino i Pīsaga
To stand timidly at the pit, yet shudder at the uproar

528. E tū mānu, 'ae lē tū logologo
The village announcer is reliable, but a rumour is not OR

529. E tū manu 'ae lē tū logologo
The manu pattern stands out, not the logologo design

530. 'Ua mele manū e Āfono
Āfono discarded its fortune

531. 'O manū tā te tēte'a ai, 'o manū fo'i tā te feiloa'i ai
In peace we part, in peace we meet again

532. 'O le manu o le tuasivi e fāgota i tai e lua
The white tern fishes at low and high tide

533. 'O le manu o le tuasivi e fāgota to'atasi
The white tern fishes alone

534. 'Ā 'ou i le sami e tulitutuliloa a'u e i'a fe'ai ;
'Ā 'ou savali i le lau'ele'ele e tutuli a'u e pei
o le manu o le tuasivi ; 'O a'u nei o le lulu e
esiesi e manu felelei
When I am at sea I am pursued by ferocious fish ; When I walk the shores I am hunted like a wild pig ; I am an owl chased by birds

535. 'Ua tātou futifuti manu'ula fa'atasi
We are plucking feathers of manu'ula birds together

536. 'Ia folau a manu'ula
May you travel like a manu'ula bird

537. 'Ua ta'utino le solo i le manulagi
The poem about the bat is told plainly

538. 'O le 'ā gase manu vao, 'ae ola manu fanua
The wild birds shall die, the tame ones shall live

539. 'O le 'ā sosopo le manu vale i le fogātia
An unwanted bird is about to fly over the hunting field

540. 'O le mapu a Tāi'i
The whistle of Tāi'i   OR

541. 'Ua logo i Pulotu le mapu a Tāi'i
The whistle of Tāi'i is heard at Pulotu

542. Mapu i Niafane ma le taula i Malolo
Rest at Niafane and anchor at Malolo

543. 'O le tautua lē leoa, 'a 'ua tua i masei
Faithful service that brought adversity

544. E ui ina tetele uaga 'ae i'u lava ina masele
Despite a heavy downpour of rain, yet it will cease

545. Na sau fo'i e ati afi, 'ae te'i 'ua nō masi
He came to fetch for fire, but unexpectedly begged for masi

546. 'Ua pa'ū le māsina
The moon has fallen

547. E lē mafai ona 'ē va'ai i ou lava mata, 'ua nā o se ataata, 'ua lē o mata
You can never see your own face, it is only a reflection, not the face itself

548. 'Ia tautai sē mata'alia
May the helmsman be one that is cautious and can handle the 'alia

549. 'Ua tā i matau, tā i ama fa'alamāga ise
The net is swung to the right, and then swung to the left like fishing for the ise fish

550. 'Ua mata'u i le ufi, 'ae fefe i le papa
To fear the yam, but afraid of the rocks

551. 'Ua mana'o i le ufi, 'ae fefe i le papa
To yearn for the yam, but afraid of the rocks

552. 'Ia uluulu matāfolau
To look in a fisherman's house

553. 'Ua tulituli matāgau
To be pursued in the direction of the broken yam

554. 'Ua matagi taumuaina
To be obstructed by the headwinds

555. 'Ua logo i tino matagi lelei
The body feels a favourable wind

556. E lē matagi taumuaina e se isi le finagalo o le Atua
No one can oppose God's will

557. 'Ua logo i tino matagi vale
The body senses trouble

558. 'Ua si'i le matālālāga
The plaiting has changed

559. 'O le mitimiti a matamea
The sponging of the matamea crab

560. 'Ua fa'atuna matapalā i tāfega
To be like a stranded eel with dirt in its eyes

561. 'Ua matasila le 'ausaga a tama'ita'i mai Salāfai
Spectacular swimming skills displayed by the ladies from Salāfai

562. 'Ia lē o le matāti'a, 'a'o le a'oa'oga ma le māsani e maua mai i le sā'iliga o le matāti'a
It is not the goal that is important, but the lessons learnt and the experiences gained while pursuing a goal

563. Toe matimati le magālafu
Rekindle the fire

564. E tetele ā Pēsega, 'ae matua i le ōō
There is much water flowing from Pēsega, but it makes a home at ōō

565. E lē se matua fafaga i fale, o le matua gāsese mo le fale
I am not a parent that is fed inside a house, I am one that serves the house

566. 'Ua se matūlau
To be like a matūlau fish

567. 'O le māvaega na i le tai e fetaia'i i i'u o gafa
The farewell at sea, that they will meet again through their children OR

568. 'O le māvaega na i Le One
The farewell at Le One

569. 'O le māvaega na i le Tulatalā, 'āfai e o'o mai Toga, e sau i le āuliuli folau, 'ae lē o le āuliuli tau
If the Tongans return, they will come with no other desire than to visit, and not to fight

570. Ne'i meanē 'ua niu niu pulu, pē moa moa lulu
In case the coconuts become coconut husks, and the fowls become owls

571. 'O le motumotu na 'ai mea vela ai Sāmoa
The burning wood that enabled Sāmoans to eat cooked food

572. Nā 'o Neiafu na mele ai le To'elau
Only at Neiafu was the tradewinds ignored

573. 'Ua mele le vai e Ā'opo
Ā'opo rejected the offer of water

574. 'Ua mele i fagā ifilele e le Tuimanu'a
The Tuimanu'a rejected the ifilele tree on the beach OR

575. 'Ua mele fagā
The offer is ignored

576. 'Ua mele le vai o Tagaloaalagi
The water of Tagaloaalagi was rejected

577. 'O le melomelo a Manu'a
The wondrous turtle of Manu'a

578. 'O le 'aisila a mūgagi
The begging of the mūgagi basket

579. 'Ua se fau e milota'i
To be like the twisting of a rope

580. 'O le misa e faia i Toga, 'ae tala i Sāmoa
A fight that happened in Tonga but was told in Sāmoa

581. E le'i mitimiti papata
The crayfish have not yet smacked their lips

582. Se'i muamua le moa lē futia ma le talo lē valua
First, the unplucked fowl and the unscraped talo

583. 'Ua ola a moamoā
To live like a moamoā fish

584. 'Ua se i'a e moe
To be like a fish that sleeps

585. 'Ua se i'a e moe mauga o Savai'i
The hills of Savai'i look like a sleeping fish

586. 'Ua moea'itino Va'atausili
Va'atausili slept to strengthen his body

587. 'O le 'ā se'i moea'itino Va'atausili
Let Va'atausili sleep to regain his strength

588. 'O le sapatū moe 'ese
The barracuda fish that sleeps alone

589. 'Ua se mo'o lē sosolo
To be like a gecko that cannot crawl

590. Mo'omo'o fa'alupe o le naumati
To yearn for water like a pigeon during a drought

591. E lē 'ese le aitu, 'ese le mo'omū
There is no difference between a ghost and a mo'omū

592. 'Ia agi le sulu ma le fīsaga i mola'i a'e si ata tama
Let the south-west and the north-west breezes blow to bear along my child

593. 'Ua ta'ape moli, 'ae aofia i le futiafu
Wild oranges are scattered in the bush, but will come together in the basin of the waterfall

594. Moli mea i Faletui
Take things to the Faletui

595. Mōlia i tai o'o
To be carried by a flood tide

596. Nai alofa molipō mō 'oe
Some secret words for you

597. 'O le pola motu i tua
The broken blinds at the back of a fale

598. Se'i motu le pā 'a 'ua iloa
May the fishhook be shown to others before it snaps

599. 'O le mua e lē fuatia
The winning throw that can not be measured

600. 'Ia mua ane lava se fale
Before everything else, a house

601. E lē 'uma se mu'a
A young coconut cannot be depleted

602. E mu'a le vao
The forest is young

603. Se'i muamua atu mea 'i Matāutu sā
First, the things for the Matāutu sā

604. Lau 'ava mu'amu'a
Your young 'ava shoot

605. E lē tauiā mulē
The coconut lumps are not strained

606. Sā tau fa'aafe le sā o Alo 'a 'ua sōua muliava o Utumalamalēmele
Alo's canoe was about to turn in but the landward end of the passage at Utumalamalēmele was rough

607. 'O lo'o feseuseua'i i mulito'a lililo
To steer the canoe from one place to another
above the hidden sunken rocks

608. 'Ia mulumulu 'aufoe
Smooth out the oars by rubbing

609. Musumusu a puiali'i
The whisper of chiefs

610. 'O le ala 'ua mutia, 'ae lē se ala fati
The road is overgrown with grass, not a new
trail

611. 'O le taeao nai Namo
The morning at Namo   OR

612. 'O le taeao na a'e ai le i'asā
The morning when the sacred turtle arose
(Taemā and Tilafaigā are likened to turtles)

613. 'Ua 'o le nauga 'iā Veve
Like the request made to Veve

614. 'Ua naumatia Vailoa
Vailoa is without water

615. E nanā fua le tetea, 'ae lē lilo
The albino is hidden in vain

616. 'Ua nātia i vai le vai o le tama'ita'i
The lady's pool is hidden within the river

617. 'O le natu ma lona si'aga
Each natu has its own si'aga

618. Ne'i galo A'afi'a i lona vao
Do not forget A'afi'a in his bush

619. Ne'i fa'alā ma fa'auatō i ao sā o le i'a nā i le si'u o Āmoa
Avoid being in the sun and rain like the sacred days of the fish at the extremity of Āmoa

620. E suamalie ā niu 'a'ati
To be sweet like a coconut husked with the teeth

621. Pa'ū i se niu 'umi
To fall off a tall coconut tree OR

622. 'Ou te fia pa'ū i se niu 'umi, ou te lē fia pa'ū i se niu muli
I want to fall off a tall coconut tree, I do not want to fall off a short one

623. E ifo i le niule'a, 'ae a'e i le niuloa
To come down from a dwarf coconut tree only to climb a tall one

624. 'Ua fa'atagitagi niu malili
To cry for fallen coconuts

625. 'Ua noanoatia lauao o Taemanutava'e
The hair of Taemanutava'e is tied up

626. E toa le loto, 'ae pā le no'o
The will is strong but the hips are weak

627. 'Ua tu'ua i le to'oto'o pa'epa'e
It was left to a pale orator

628. E ui ina solo le laualuga, 'ae māopoopo le no'opā
Despite the collapse of the upper thatches, but the foundation is firm

629. Ta te nofo atu nei, 'a'o a'u lava o 'Ae
Here I sit, but I am only 'Ae

630. 'Ua nofo fale sā Tui 'iā Ma'a
The Tui brothers stayed indoors because of Ma'a

631. 'Āfai 'ua iai se 'aleu, 'ia lafo i nu'u lē 'ainā
If there is an error, let it be cast to the uninhabited islands

632. 'O le tai e pisi nu'u malolo
A conquered village is like the splashing sea

633. Fa'asavali ā nunu
To walk slowly as if returning from a nunu

634. 'Ua nunu le to'au
The stalks of the yam have withered and entangled

635. 'O le sapatū motu pā
A barracuda fish bites off fishhooks

636. 'Ua fano le pa'a i lona vae
The crab died from its leg

637. E ta'a le galo 'ae gase i Pa'au
The galo fish goes at large, but dies at Pa'au

638. 'Ua māe'a ona pae lago le asō
The wooden supports have been laid out today

639. 'O le tama'ita'i, o le pae ma le 'āuli
A maiden smooths and irons

640. Ta fia pa'i i le vai o le tama
How I wish to feel the waters of the young man

641. 'O lo ta lima lava e pa'ia ai lo ta mata
My own hand could hurt my own eye

642. 'O le 'ā 'ou lē talatala fa'a'upega lavelave ou pa'ia
I won't disentangle your dignity and honour like I would do to an entangled net

643. Mālō pa'ū malaga
Welcome, you have arrived at night time

644. E pa'upa'u, 'ae o'o i Lepea
It is only an old girdle (titi), but it will bring results at Lepea

645. Tu'u ia mō pāga
Leave it for the mound of clay

646. Nofo i le pala gatete
To sit on a shaky swamp

647. E pala le ma'a, 'ae lē pala le 'upu
Stones decay, Words don't   OR

648. E pala le ma'a, 'ae lē pala le tala
Stones decay, Stories don't

649. E malili fa'apala'au lo'u tāofi
My opinion will drop like a pala'au mollusc

650. 'Ua motu le pale fuiono
The ceremonial frontlet has snapped

651. 'Ua lē papa'u le tānoa a Lea ma Lea
The 'ava bowl of Lea and Lea is never empty

652. E lē papeva se 'upu
A word never stumbles

653. E pata le tūtū i ona vae
The tūtū crab looks larger (than it really is) because of its large legs

654. 'Ua pati lima o Fe'epō
Fe'epō claps his hands   OR

655. 'Ua patipati ta'oto le Fe'epō
Fe'epō clapped his hands while lying down

656. 'O le patupatu amo fale
A clumsy person that carries houses

657. Pē tau i manū pē tua i ni mala?
Will we find peace or will it backfire as misfortune?

658. Po'o ai 'ua ana pei le taualuga o Manu'a?
Who broke the roof of Manu'a?

659. 'Ua pei lava a'u o 'Ae
I am like 'Ae

660.   'Ua pēia le taualuga o Manu'a
       The roof of Manu'a is broken

661.   'Ua penapena i tua o taii'a
       To bath after the palolo rise

662.   E toe pepese manu
       The birds will sing again

663.   'Ua lāuiloa e pili ma sē
       It is known even to the lizards and the grasshoppers

664.   E pilia le ala
       The road is full of lizards

665.   Fa'amanu pō'ia i le ōfaga
       To be like a bird caught in its nest

666.   Fa'i pea le pou i Faleolo, 'ae su'e le i'a a Leaosavai'i
       Break the post at Faleolo, and look for the fish of Leaosavai'i

667.   Sui le poutū i le poutū, 'ae lē o le poulalo
       Change the central post with another central post, not with a side post

668.   'Ā gau le poutū, e lē tali poulalo
       When the central post breaks, the side posts cannot withstand the weight of the roof

669.   E pōgā i vao, 'ae i'u ina lia'iina i ala
       To be a mere report in the bush, but may spread on the roads

670. 'O le pola tau fafo
The blind that hangs on the outside

671. 'O le pō malae
It is the hour of darkness at the malae

672. 'O le mama ma le ponoi
A mouthful after mouthful and no end to it

673. 'O le popo pa'ū pō
A coconut that falls during the night   OR

674. 'Aua le tufia le popo e pa'ū pō
Do not collect coconuts that fall during the night

675. 'O le popo tautau tasi
A lonely coconut

676. E tā liu, 'ae popo'e
To bail out the boat, but filled with anxiety

677. 'O le pa'ū a le popouli
The falling down of a full-grown coconut

678. 'Aua ne'i popona le toa i lou finagalo
Let not your mind have knots like a toa tree

679. 'Ua tagi ā pū mate
To cry like a dying conch shell

680. E lē pū se tino i 'upu
Words cannot pierce the body

681. 'Ua ala mai i pu'e o manū
To wake up to a catch of good fortune

682. 'Ua ala mai i pu'e o mala
To wake up to a catch of misfortune

683. 'Ave mālū i le pu'ega
Give water to the fisherman

684. 'Ave malu i le pu'ega
Give assistance to the fisherman

685. Pu'epu'emaua le taimi nei
Seize the moment

686. 'Ua pū 'ese le vai o Sāmata
The water bottles of Sāmata have two mouths

687. Tau o se puipui'au a Tuliamoeva'a
Just attendants to Tuliamoeva'a

688. 'O le mafuli 'a puou
To be like an uprooted puou

689. E lē āiā puga i le masi
The puga coral has nothing to do with the preparation of the masi

690. 'Ua pulapula a lāgoto, ma le i'a 'ua lata i le loto
It is like the glow of the setting sun, and a fish approaching the deep

691. E tasi 'ae afe - Pūlou o le ola
One and yet a thousand - Life cover

692. 'O le punapuna a manu fou
The jumping about of a newly caught bird

693. 'O le pupulu a Vālomua
The intercession of Vālomua

694. 'Ua sili loa le sā o Alo ona o fītā o le ava i Utumalama
Alo's canoe went past its destination due to challenges at the reef passage at Utumalama

695. Toe sa'a le fafao
Empty the shell disc container again

696. 'Ua tātou fesilafa'i i vā i lupe maua, 'ae lē o vā i lupe sa'ā
We meet in prosperity and not in adversity

697. 'O lē sa'ili lanu ma sa'ili 'ai, e maua le fa'anoanoa
He that seeks self-praise finds grief

698. 'Aua e te fāgota i le sao
Do not fish with the stick

699. E sao mai i le Amouta, 'ae tali le Amotai, fā'i fo'i o lea, 'a'o le toe aso nā i Moamoa
To be victorious at Amouta, but Amotai awaits, despite all that, but the final day at Moamoa

700. E sa'olele le tuamafa i lou finagalo
Your will is like the undisturbed flight of the tuamafa pigeon

701. 'O le sau o le ola
The dew of life

702. 'Ua tuliloa le atu a le sa'u
The swordfish pursues its bonito

703. 'Ia fa'amāmā le sausau, 'ia ola sā Tagaloā
Reduce the intensity of the killing, let the Tagaloa family live

704. 'Ua sāusāu fia lele le manu nai Utufiu
The bird at Utufiu flutters its wings, longing to fly

705. 'Ua matematelima le saga o Pa'usisi
The dowry of Pa'usisi died in her own hands

706. Sāga'i ane 'ai o le tai
May the blessings of the sea be with you

707. E tenetene fua le livaliva, 'ae sagasaga 'ai le vili ia
The drill plate dances without object, but the drill eats on through the wood

708. 'O le sala e tau'ave i le fofoga
An offence that is carried in the face

709. 'Ā 'ua sala uta, 'ia tonu tai
If a mistake is made inland, correct it at sea

710. 'Ua sala 'iā Vala
The slip is due to Vala

711. E lē sālā 'upu mai anamua
Words of the past are true

712. 'Ua salana'a le lupe o le taeao
The pigeon caught in the morning is not what was expected

713. 'Ua saluvale lauta'amū a Ā'opo
The ta'amū leaves of Ā'opo were prepared in vain

714. 'Ia sama o sē mago
Let him who is dry paint himself first

715. 'Ua samialaina, samialaina, 'ua leai le tino o le tamāloa
She was burnt from exposure to the sun, but never a sign of the man's body did she have

716. 'Ua sanisani fa'amanuao
To rejoice like a manuao bird that whistles at daybreak

717. 'O le 'ā sasau le tu'umuli
We are leaving (beat the retreat)

718. 'Ua sasagi fua le livaliva, 'a 'ua gau le matāvana
The drill plate boasts in vain, but the drill point is broken

719. 'Ua sasala fa'aali'iolepō
The fragrance is spreading like that of the ali'i o le pō plant

720. 'Ua savini fa'apunuāmanu
To try to fly for the first time like a young bird

721. E lele le sē, 'ae lama le ti'otala
A grasshopper flies about but the kingfisher preys

722. 'Ua sē le atu i ama
The bonito was inadvertently pulled in on the outrigger side

723. 'Ua sē le vai i 'Eva
The river is lost to 'Eva

724. 'Ia lē se'etia i le malū o le tai taeao
Do not be deceived by the calmness of the morning tide

725. Se'i mua'i tālā sā o le faiva nā i Āmoa
Let us first remove the fishing restrictions as was done at Āmoa

726. 'O le lupe na seu silasila
A pigeon netted in the sight of all   OR

727. 'O le lupe na seu va'aia
A pigeon netted and seen by all

728. 'O le ti'a e lē seua lou finagalo
Your will is like a dart that cannot be deflected from its course

729. 'Ua sili mea le seuga
The hunting gear are hung up

730. 'O le va'a 'ua seuvale 'a'o ala le mafua
A canoe that is steered carelessly while the young fishes are on the rise

731. Sega e, 'ā vele lava nā vao i le lā?
Woman, must you weed in the heat of the sun?

732. Mālietoa e, o lau sega'ula lea, o le 'ā 'ou fo'i
Mālietoa, here is your sega'ula, I will go back now

733. E o Ulu le tafe, 'ae selefutia ai Vaisigano
The Ulu brook is the source of the stream, but the Vaisigano river sustains the damage

734. 'Aua e te seluselu mai a'u
Do not comb me

735. 'Ua pā'ū'ū tama tāne, 'ua sese'e toa
The mighty men have fallen, the warriors have slipped

736. 'O le lata a sesele
To be as tame as the sesele fish

737. 'Ia seu le manu, 'ae silasila i le galu
Catch the gogo bird but watch out for the breakers

738. E lē sili Mo'a i le matagi
Mo'a is not the master of the wind

739. Sili le foe
Hang up the paddle

740. 'Ua siliga tali i seu
The return of the hunt is long overdue

741 Sina toe o Sagone
Some leftover from Sagone

742. 'Ua sina le galu
The breakers are turning white

743. E ā sipa le lama, 'ae fano ai mālolo
The torch is tilted over, but the flying fish dies

744. E lālā Salāfai, 'a'o soa o Lavea
Salāfai has many branches, but they are all attendants of Lavea

745. Soa lau pule
Share the authority with your colleagues

746. 'O le manusina e lē soā
A white sentinel tern has no friend

747. 'Ua 'o le talitaliga o le soi
It is like waiting for the soi

748. 'Ua se i'a e sola
To be like a fish that escaped

749. 'O le sola a Faleata
To be like the flight of Faleata

750. 'Ua solia le tai
She is no longer a virgin

751. 'Ua solo le falute
The bundle of mats has come apart

752. 'Ua solo lava le lavalima
The work is progressing well

753. Mānaia le solo o le afiafi
It is very pleasant to have a stroll in the evening

754. 'Ua sosoli falī
Falī was trampled underfoot

755. 'Ā sua le tuli e le toa, 'ona tātā lea o tao
When the warrior stops, tap the spears

756. E sua le 'ava 'ae tō le 'ata
The 'ava plant is uprooted but a cutting is replanted

757. 'Ou te se tagata tau suati
I am only a man contending with the outrigger

758. Suati ia le faiva ma sasa'a le ola
Pour out the fish and empty the basket

759. 'Ia su'esu'euga i poloa'iga na tu'uina mai
Seek diligently to understand the messages given

760. 'Ia su'i tonu le mata o le niu
Pierce the correct eye of the coconut

761. E pa'epa'e le sugale 'ae lē lave
The sugale fish may be white, but is not helpful

762. 'Ua lē sūlā fala o 'Ie'ie
The fine mats of 'Ie'ie were not acknowledged

763. 'O le tele o sulu, e tele ai fīgōta
More light brings more shellfish

764. 'Ua suluia le pagi
The bait is seen

765. Na sunu'i alāfale o mālō i Tanumāfili
Evidence of victory was marked at the malae of Tanumāfili

766. Ta te gase ā uluga
We shall die together

767. Sē Manu Sāmoa, 'ua mālie sē lou toa, pagā lea, 'ua ta fia Faleālili fua
Bravo Manu Sāmoa, alas, How I wish to be from Faleālili

768. E tā fua le tao, 'ua tau
It is useless to strike the spear, it has hit the target

769. 'Ua se ū ta'afale
He is like a bite inside a house

770. 'Ia ta'amilo pea ma tāutala
Keep turning the house around, and pull on the ropes

771. 'Ua se ta'ata'a a le ala
To be like grass on the roadside

772. 'Ua siva Sālevao 'ae ta'avale ulupo'o
Sālevao danced while the skulls rolled

773. 'O le lupe o le taeao
A pigeon caught early in the morning

774. 'O le taeao nai Samanā
The morning feast at Samanā Frequently we hear : *'O le taeao nai Saua* OR *'O le taeao nai Samanā* OR *'O le taeao nai Namo*

775. 'Ua sa'a i le tai le 'upega o Pili
Pili's net is poured out into the sea

776. 'Ua taia le ulu, sa'e le vae
The head is struck, the leg is unsteady

777. 'Ua mua'i tāi'a Fagaiofu
Fagaiofu goes fishing first

778. 'Ua so'o nei le taiao
The inside area of the lauloa is completely netted

779. 'Ua iloa taiao
Low tide is visible

780. E fitā mai vasā, 'ae tali faigatā o le ta'ifau sau'ai
To come through dangers at sea, but the threats of a man-eating dog awaits

781. Na ta alu fo'i o tailelei, 'a 'ua ta sau 'ua taipupū
When I left, the coast was calm, and now it is iron-bound

782. 'O le taimālie a Ve'a
The unexpected appearance of Ve'a

783. 'O le alofa e fāgota i le taipē ma le taisua
Love fishes during high and low tides

784. 'Ua 'ai 'ulu, tuana'i tā'isi
They now eat breadfruit, and immediately forget those who fed them with yams OR

785. 'Ua lātou 'a'ai i 'ulu, 'ua fa'atuatuana'i i ē sā
     faia tā'isi ufi
     *They now eat breadfruit, and immediately
     forget those who fed them with yams*

786. 'Ua ta'oto a atu vela
     To lie down like a cooked bonito

787. 'Ia ta'oto a le Vai'ula 'upu a lo tātou nu'u
     *May the words of our village be as peaceful
     as the Vai'ula*

788. 'Ua tau lupe a Lefao
     Lefao is counting his pigeons

789. Tau o se mea e ala ai
     As long as the end is attained   OR

790. So'o se mea e ala ai
     The end would be attained regardless

791. 'Ā 'ua Tigi ma Lau, ta'u ane ai ma 'Olo
     *If he is to be named Tigi and Lau, mention
     the name 'Olo as well*

792. 'O ia e taūa lauulu magāafe
     He could count a thousand hairs

793. Tu'u le fā 'ae tau'ave le lua
     Put down four and carry two

794. E maota tau'ave Sāmoa
     Sāmoan dwelling places are portable

795. E au i le tauola, au fo'i i le fāgota
     To be entitled to observe, also entitled to fish

796. 'O le va'ai a le tauuta
A landlubbers opinion

797. E taufa a Le Manunu
It is the rain of Le Manunu

798. E gālala i ulu taufa
To be thirsty at the riverhead

799. 'Ua tele manatu e fia fa'aali 'ae faigatā, 'ua malu le taufānu'u
There are many things that one would like to say, but the rain clouds are covering the sky

800. 'O le va'a 'ua motu ma le taula
A ship that is separated from its anchor

801. 'Ua fa'afetaia'iga a taulā
To be like the meeting of sailing canoes

802. 'Ua lata le tau laumea
It will soon be evening

803. Mōlia se tāulaga o'o i le Vao sā o le Tuifiti
Take an acceptable offering to the sacred forest of the Tuifiti

804. 'Ua taulua i le tuga
To be paired with a diseased coconut

805. 'Ua 'aimafua atu, 'ua lupepe taumanu
The bonito are feeding on the small fish, the birds gather in great numbers

806. 'Ua lupepe le taumanu'ula
A flock of manu'ula birds have gathered together in large numbers

807. E lē taumāsina se tagatālautele ma se tamāli'i
With high chiefs, one does not know enough about the moon (chiefs know more)   OR

808. E lē taumāsina ma tamāli'i
The chiefs know more about the moon

809. 'O le ola, e taupule'esea
Life is decreed

810. E ā le uga i tausili, 'ae tīgāina ai fua le atigi
It is the crab that climbs, but it is the shell which pays the price when it falls

811. 'O le sala a tautai e totogi
The mistake of a fisherman must be paid for

812. Tautai o sē agava'a
A shipmaster must be capable

813. 'O le 'upega e tautau 'ae fagota
The net is now hung up (to dry), but will soon be used for fishing again

814. 'O se aso 'ua lagi lelei, 'o se aso fo'i ua tō le ta'uta'u
We have fine weather as well as squalls

815. E fai tautāgo lava le gāluega nei
To do work without any prior experience

816. 'O le tāutasi a lima matua
The solitude of the thumb

817. 'O le 'ulu tautogia
The breadfruit that was made a target

818. 'Ua sau 'Apa'ula, 'ua tautua
'Apa'ula has arrived, but it is too late

819. 'O le ala i le pule o le tautua
The way to (gain) authority is through (faithful) service

820. 'O le tautua o le tāulaga maualuga lea
Service is a great offering

821. 'Ua tauvale le mafua a le pua nai Aganoa
The fragrance of the Aganoa frangipani was ineffective

822. 'Ua tauvale le tagivale o Meto
Meto's demands did not materialise

823. Tafa'i ma'a Mau'ava
Let a stone occupy Mau'ava's place   OR

824. Tafa'i ma'a le tamāloa nai le Ālātaua   OR

825. Tafa'i ma'a lē na liu fatu

826. Taia i le tafao, taia i le va'ai
Struck by a mallet, struck by sight

827. 'Ua tafao taliga o Tufugauli
Tufugauli's ears goes wandering about

828. 'Ia tafatafa fuga, 'ae 'aua le tafatafa maono
Better to be at the side of a fuga fish than a maono fish

829. 'O le foe tafea
A drifted-off oar

830. 'Ua tafea le tau'ofe
The cluster of bamboo has drifted away

831. 'O le manu tafi manu
A bird that drives away birds

832. 'Ua tafi tagata le malae i Fīnao
It was a clean sweep (a decisive victory) at the village green of Fīnao

833. 'O le ago e tafia
A tattooing sketch would eventually be rubbed off

834. E tau i le lagi ona tafo'e
His choice fish belongs to heaven

835. E i 'ō i 'ō le ua, tafuna'i
The rain clouds scatter far away, but soon they would gather together

836. 'Ua atagia tāga tafili
The movement of the pigeon hunter is detected

837. 'Ua taga'i mālama
It is visible

838. E lafi ā tagausi
To hide like a tattoo design

839. 'Ua pīsia i le tāgāliu
To be splashed while removing water from the canoe

840. 'Ua tele tagata pule 'ae leai nisi e pūleaina
There are many managers but no one to manage

841. Se'i tagi mai Pute 'a'o ola Gau
If only Pute had asked while Gau was alive

842. 'Ua tagi le fatu ma le 'ele'ele
The stones and the earth weep

843. Na tagisia Lā'ulu o se va'a 'ia goto
The Lā'ulu reef was requested to fill up a canoe with fish, even if it sinks

844. Na tāgisia i mātou i le ala
The crickets chirped at us by the roadside

845. Meto tagivale
Meto is too demanding

846. E fai vae o tala
Gossip have legs

847. 'Ua lē tālā sā o le pou nai Sālepoua'e
The taboo on the post at Sālepoua'e has not been lifted

848. 'Ua talafulu i le ana na moe ai Va'atausili
To meet happily at the cave where Va'atausili slept

849. 'O le latalata a Faonu'u, 'ae lē tū i le talaga
Faonu'u lives near the malae but he may not stand there

850. 'Ua talagā a pā usi
Like a pair of white pearl shell fish hooks
OR

851. 'Ua talagā a pā sina
Like a pair of white pearl shell fish-hooks

852. 'Aua ne'i 'ē tālaleu i le a'oa'o mai a lou tamā
Do not sneer at the teachings of your father

853. 'Ua talana'i uto o le 'upega nai le tai i fanua
The floats of the net that was at sea are hauled up to shore

854. E talanoa atu, 'ae lē talanoa manu
The bonito talk to one another, but the seagulls don't

855. 'Ua talanoa manu o le vāteatea
The birds of the sky are talking

856. 'Ua talanoa fogāfala
To converse while lying on the mats

857. 'Aua le talatōina le 'afa i le moana
Do not let go of all the fishing line in the deep sea

858. Tali i lagi vai o Ā'opo
Ā'opo awaits water from heaven

859. Tali i le tuālima
To receive with the back of the hand

860. 'Aua le talia i le tai
Do not meet them at sea

861. 'O le 'upega lē talifau
A net which is beyond repair

862. 'O lo'o talisoa le i'a a Nāfanua
We are waiting for the fish (i.e help) from Nāfanua OR

863. Talisoa le i'a a le tama'ita'i
Wait for the fish (i.e help) from the Lady (Nāfanua)

864. Tālo lua Tuna ma Fata
Pray for both Tuna and Fata

865. 'Ua mama i oa mama i taloa
It is leaking from the gunwale to the garboard strake

866. 'Ā gaua'i e ola, 'ā tete'e 'oi tālofa!
Take heed and flourish, to rebel is unthinkable

867. 'O tālu o Sili ma Vai'afai 'ua māi ai vai o le Tagaloa
Because of Sili and Vai'afai, the water of the Tagaloa became saline

868. E faigōfie tama, peita'i o 'āiga e faigatā
Matters are easily arranged with the chiefs, but where the lineages are involved, it is difficult

869. Tapai tataga le pilia
Don't ever allow many lizards around (while we collect 'afato)

870. 'Ua fa'amea tapena i le ua
To be like things prepared in the rain

871. 'Ia tāpua'i a atigi ifi
To sit, pray and wait like an empty chestnut shell

872. E tasi 'ae afe
One and yet a thousand

873. 'Ua tasili foe a tautai
The fishermen have hung up their paddles

874. 'Ua tātā i tua o Fatutoa le la'i o Puava
The westerly wind of Puava was blowing hard from behind of Fatutoa

875. Tavai manu uli
Give water to the black birds

876. 'Aua le aoina le te'a muli
Don't pick up the balls left far behind

877. Se'i totō le ta'amū te'evao
Grow the ta'amū to stop the weeds from growing

878. 'Ua te'i ina 'ua tū i Fagalilo le Tonumaipe'a
To be surprised when the Tonumaipe'a appeared at Fagalilo

879. 'O le te'i a Le'uo 'ua noanoatia
The surprise of Le'uo is engulfed

880. Teu lā'ei 'ia talafeagai ma le aso
Dress to suit the occasion

881.   'Ia lāfoa'i i le fogāva'a tele
Cast it on the great deck

882.   Tele a lalo le i'a a sā Sa'umani
Push the fish of sā Sa'umani up from below

883.   E telealuga, pē telealalo le i'a sā?
Is the turtle more to the bottom or more to the surface?

884.   'Ua se temeteme
To be like the plate of a drill

885.   E tū temutemu le manatu
I give my opinion reluctantly

886.   'Ua tepataumeasina lo tātou taeao
We are grateful for this day

887.   'Ua tēte'a le lupe ma le 'upega
The pigeon is taken out of the net

888.   'O le 'ai o le teve
The eating of the teve plant

889.   E pipili tia, 'ae mamao ala
The hunting sites are near to one another, but the paths to each other are distant

890.   'O le ti'a ulu tonu lou finagalo
Your will is like a dart heading straight for the target

891.   'O le 'ā foa le tio
Let us break the tio mollusc

892. 'Ua sau le va'a na tiu, 'ae tali le va'a na tau, 'o lo'o maumaulago i le va'a na fao āfolau
The fishing canoe returns, and is received by the canoe that is anchored, which is supported by the canoe propped up in the boatshed

893. 'O le tiuga a Matalā'oa e tiu ma āfīfī
The Matalā'oa people when fishing for sharks, wrap up everything

894. 'Ua se tifitifi
To be like a tifitifi fish

895. 'Ua gau le tila, tu'u i Manono
The sprit is broken, it is left at Manono

896. 'Ia tili i le papa i Gālagala
Run for your life to the rock at Gālagala

897. Tilitili va'a goto
To hurry like a sinking boat trying to reach the shore

898. 'Ua se tilo to'o o le maota
The posts of a chief's house are as straight as beams of light

899. 'O le 'ā tīmata le 'upega
The fishing net will be mended   OR

900. Toe tīmata le 'upega
Mend the net

901. 'Ua gase toa
The mighty ones have fallen

87

902. 'Ua pei o se timutō le to'ulu mai o fa'amanuiaga
Blessings are falling down like heavy rain

903. 'Ua tino le soifua, 'ua tō i tua 'Apolima
Life is assured, 'Apolima is behind us

904. Vā'ili ma titina
Search for lice and crush them

905. 'Ua fai 'ea a'u mou titi se'ese'e?
Am I your working garment?

906. 'O ua 'ua tō i vao
Rain has fallen in the bush   OR

907. 'Ua tō i le vao mea fānafana
Hunting gear that was lost in the woods

908. 'Ua tō Fatu i le moana
Fatu perished in the sea   OR

909. 'Ua tōfatumoanaina
To be sunk like a stone at sea

910. 'Ua tō i lologāmata
It is secured in the long fishing net

911. 'Upu tō a vālevale
Words misinterpreted by fools

912. 'Ua tō le fale o tautai
The fishermen's house has been erected

913. Tō'ai fa'ai'a a pō
To arrive like a fish at night

914. E gase toa, 'ae ola pule
The brave warriors will die, but a merciful decision will live on

915. Se'i moe le toa
Let the toa pole rest

916. 'Ia moe le ufu, to'a le paipai
May the ufu fish sleep, and the paipai crab sit calmly

917. To'a ane ia i le vai o le gogo
Take a rest at the pool of the seagull

918. 'Ua toalo le va'a sa folau mai vasa
The boat which was in the open sea has come inside the reef

919. 'Ia tō 'ele'ele e pei o le 'ava na tō lua i Fīnao
Let it be planted aground like the two 'ava that were planted together at Fīnao

920. To'ese a nu'u potopoto
To sink like allied villages

921. Taliifiti le to'ilalo o le A'easisifo
The defeated party are waiting upon Taliifiti

922. Nā 'o to'oau a tautai e tutū i tailoloto
Only the long anchor poles of the fishermen can stand during high tide

923. 'O le to'oto'o sinasina
A white staff

924. 'Ia mamau le to'ovae
May the anchor poles stand firm

925. 'Ua tōfā i vai, 'ae ala i 'ai
To go to sleep on a drink of water, but rises to eat

926. 'Ua tōfafā i malae ma lalago mai i tiasā
To be asleep at the village green and offering support from their sacred tombs

927. E lē fai umu le isi tōga i le isi
A fine mat does not cook for another fine mat

928. 'Ua togi le tagāvai a le vaegā'au
The badge of the army has been put on

929. Fa'a'ulu toli i le gaoā
To be like breadfruit plucked on stony ground

930. 'O le lau o le fiso, o le lau o le tolo
A fiso leaf is a tolo leaf

931. E lele le toloa, 'ae ma'au i le vai
A toloa bird flies, but stretches out its neck looking for water

932. Fā'alia i le tolotolo Usu
Usu was revealed at Usu Point

933. E leai sē na te tolovae le 'upega 'auā e loloto le tai
No one can pull the net with his feet because the water is deep

934. 'Ua 'o le tomai o Elo
To be like the expertise of Elo

935. 'Ua tōmalie manū o le tai 'iā Lemalu
Good fortune of the seas was bestowed to Lemalu

936. 'O le tala 'ave, o Tupa'ilelei, 'ae 'ua tonu 'iā Tupa'imatuna le tama'ita'i
According to reports it was supposed to be Tupa'ilelei, but Tupa'imatuna was just right for the lady

937. 'Ua tonu mai 'iā Matuna
The orders came from Matuna

938. 'Ua lē toso va'a, 'ae toso tala
To engage in gossip, but did not even pull the canoe

939. 'Ua se va'a tū matagi
Like a ship that stands up to the wind

940. 'Ua liua le tua ma le alo
The smooth side and the rough side are turned over

941. 'O tua o Vainafa 'inei
We are at the back of Vainafa

942. E tuai tuai, tā te mā'ona ai
It has been a long wait, we shall have plenty to eat

943. Se'i tō le niu i le tuā'oi
Plant a coconut tree at the boundary

944. 'Ia iloa ou tuā'oi
Know your limits

945. 'Ua se'e tuāgalu lo'u va'a
My boat has slipped into the back of the wave

946. 'Ia lafoia i le tuāgalu
Cast it to the back of a wave

947. 'Aua le va'ai tuālafo
Do not look at fine mats

948. Pē se ā le mea 'ua e tali ai a'u i le tuālima?
Why have I received a backhanded welcome?

949. 'Ua fa'alele le tuamafa
The wise old pigeon has been released

950. Lāfoa'i i le tu'iā
Throw it into the pigsty

951. 'O le malie ma le tu'u malie
Each shark caught must be paid for

952. 'Ua tu'u le ma'a, 'ae ma'a i ā'au
The stone was put aside and a coral was taken instead   OR

953. 'Ua tu'u le 'au, 'ae ma'a 'i ā'au
To put aside what is essential and replace it with a piece of coral

954. 'Ua tu'u le tai i Ā'ana
The sea receded to Ā'ana

955. 'O le toe tao 'ua tu'ua i le fā
The only spear left in the target

956. E otagia fo'i le tu'u'u
Even the tu'u'u fish can be eaten raw

957. Fa'avai tu'uipu
To be like water stored in a coconut shell

958. Sā mātou tu'ulā'au mai nei
We have rested on many trees on our way here

959. 'Ia gālulue fa'atasi le lavelau ma le tu'ulau
The stitcher and the pole should work together

960. 'Ua tu'utu'u lima le vai o Li'ava'a
The water of Li'ava'a is passed along by hand

961. 'O le tā'elega tu'utu'u loloa nai le Vaisafe'e
The never ending bathing at Vaisafe'e

962. E le'i o'o lava le tufa 'iā Tui
Tui has not yet received his share

963. Sina e, 'ā iai ni ou alofa, lou tufa'aga ota fofoga
Dear Sina, should you have love, your share is my face

964. E lē se fe'e na tū tula
It is not like the octopus that remained idle in its habitat

965.   Fa'asega tūlauniu
To be like a sega bird that stands on a
coconut leaf

966.   E tele ā tūlāgāvae
Many footprints

967.   'Ua se 'afa e tasi
It is one rope

968.   E logo le tuli ona tātā
The knee feels the tapping   OR

969.   'Ua lē se'i tātā tuli?
Was his knee tapped?

970.   'Ua tūlia afega
The people standing about the afega have
been chased away

971.   E tino fa'atasi, 'ae tulialo 'ese'ese
They are issued from one body but from
different loins

972.   'Ua tuliloa i le Vaifoa
To be pursued to the Vaifoa

973.   E tulimanava 'ese'ese 'ae tasi le tupu'aga
One people, but of many minds

974.   'Ua tulituliloa le magō e le melomelo
The magō fish was pursued persistently by
the melomelo fish   OR

975.   'Ā tulituliloa 'ua 'o le magō i Foa
He that is pursued, is like the Magō of Foa

976. E valavala a tūmanu
To be wide apart as a spathe of the banana

977. Le alofa e tūmua, e tino i le Ma'atūlua
Love comes first, manifested as the Ma'atūlua

978. 'O le lupe tūmulifale
To be like a pigeon sitting behind a hunter's hut

979. 'Ua lē tūnoa faiva o Sāmea
Sāmea went fishing for a reason

980. E ta'a le tupa, 'ae fai lona lua
The tupa crab roams at large, but has a home

981. Na 'ītea i tūlāgāvae le tupua a To'ivā
To'ivā's footprints gave his riddle away

982. 'Ua tusa tau'au
Both shoulders are equal

983. 'Ia tutū foe o le savili
Paddle hard to overcome the wind

984. 'O le tutulu a le aitu nai Āmoa
The cry of a spirit at Āmoa

985. 'Ua 'o ni ufi e tutupu i tino
To be like yams that sprout from the body

986. Vā i lupe maua
To catch one pigeon after the other - the space between netted pigeons

987. Vā i fale ve'a
The space between ve'a hunting huts

988. 'O le va'a seu atu seu mai
A boat that comes and goes

989. 'O le va'a si'i vale la'u lāuga nei
My speech is like a canoe that is launched without reason

990. Ia lafo i luga o va'a tele
Throw it on the large boat

991. 'Ia 'ē vae o Vaeau
May your legs be like those of Vaeau

992. 'Ua vāea i ulu fatuga
It is divided on top of the fatuga

993. 'Aua ne'i vaefanua vaifanua
Let not our lands be taken away

994. Tau 'ina taulia i le vāega
As long as he is counted in the troops

995. 'Ua 'ē vae la'a
You have trespassed

996. 'Ua vaemanua le fa'amoemoe
Our hopes are not fulfilled

997. 'Ua gase i vai le fia inu vai
To die in the waters from thirst

998. 'Ua 'ōmia 'ita 'i le vaiāgia
I am squeezed in between the clefts of the reef

999. 'Ia vā'ili titina
To catch lice and crush them

1000. Tafi le vāitī
Remove the weeds between the tī plants

1001. 'O le vāivai o le fe'e
The softness of the octopus

1002. 'O lupe sa vao 'ese'ese 'ae 'ua fuifui fa'atasi
The pigeons that were at different places but are now gathered together

1003. 'O lo'u toto o lo'o ta'oto i le vao talutalu, o lo'u tino 'ua se lulu e vālo'ia e manu
My blood lies beneath the new growth of weeds and trees, my body is like an owl predicted by birds

1004. 'O le vale mai 'Auala
The mad man from 'Auala

1005. E le'i vale se tali
The response was not in vain

1006. Valuvalusia a'a o le fau
To scrape the roots of the fau tree

1007. 'Ua 'ī le manu 'ae logo i le vāteatea
The bird has cried and is heard in the heavens

1008. Tautuanā le vā tu'utu'unonofo
Value your relationships

1009. Na sau Sina 'ua vela Tinae
Tinae was already burnt by the time Sina arrived

1010. 'Ua vela lana umu i lo tātou 'āiga
He has served the family well

1011. 'Ua vela le fala
The mat is warm

1012. Se'i o tātou velo 'aso i le 'au'au
Let us attach the rafters to the ridge

1013. 'Ua se vī e toli
To be like plucked vī fruits

1014. E lele lava le tulī ma vivi'i ia
The tulī bird flies and praises itself

1015. 'Ua vivili fa'amanu o matagi
To strive like birds against the wind

1016. Fa'ato'ā vivini le toa ina 'ua mālō
A rooster will only crow when it conquers

1017. 'Ia fulifaō le va'a o mala
May the canoe of misfortune be turned upside down

1018. E āfua mai mauga manuia o nu'u
Blessings of a village come from the mountains

1019. 'Ua 'ou seu ma le fata
I am fishing because I have helped to make a fata

1020. 'Ua 'ou iloa le mativa, 'ua 'ou iloa fo'i le mau'oa
I know what it is to be in need, and I know what it is to have plenty

1021. 'O iai lē tasi e fa'atagā mau'oa, 'ae leai lava sana mea, o iai lē fa'atagā mativa, 'ae tele ana 'oloa
One man pretends to be rich, yet has nothing, another pretends to be poor, yet has great wealth

1022. 'O lē na te 'ave'esea ma'a e tīgā ai o ia
Whoso removeth stones shall be hurt therewith

1023. 'Ua mana'o iai le loto, 'a'o le tino 'ua vaivai
The spirit is willing, but the body is weak

1024. Inā fa'alototetele ia
Be strong and take heart

1025. 'Auā o lē lē 'au'ese 'iā te 'outou, e 'aufa'atasi lea ma 'outou
For whoever is not against you is for you

1026. 'A o le aogā lenei o le poto 'ua maua, e ola ai ē 'ua iai
But the advantage of knowledge is this : that wisdom preserves the life of its possessor

1027. 'Auā 'ā tā le lā'au, e fa'amoemoe iai e toe tupu, e lē aunoa fo'i ma ona tātupu
At least there is hope for a tree. If it is cut down, it will sprout again, and its new shoots will not fail

ABOUT THE AUTHOR

Tuiātaga Fa'afili A.L Fa'afili is a Chartered Accountant with interests in Theology, Literature, Philosophy and Digital Technology. Born and raised in the village of Moata'a, Sāmoa, Fa'afili migrated to New Zealand with his wife and children to further his career and education in 1983.

He has also written the following Books in the Sāmoan Language, with English translations :

Prayers for Kids : Tatalo mo tamaiti
Proverbs for kids : Muāgagana mo tamaiti
Sāmoan Vocabulary : 'Upu Sāmoa (Vol.1)
Sāmoan Vocabulary : 'Upu Sāmoa (Vol.2)

"Bless the LORD, O my soul ; and all that is within me, bless His Holy Name."
Psalm 103:1

"Lo'u agāga e, ia e fa'amanū atu i le ALI'I, o mea 'uma fo'i o i totonu 'iā te a'u ia fa'amanū i Lona Suafa Pa'ia."
Salāmo 103:1

Made in the USA
Las Vegas, NV
06 December 2023